ENTRETIENS MILITAIRES DE LA RÉUNION DES OFFICIERS.

L'ARMÉE PRUSSIENNE

1er ENTRETIEN

FAIT LE 6 FÉVRIER 1872 A LA RÉUNION DES OFFICIERS

PAR

M. LAHAUSSOIS
SOUS-INTENDANT MILITAIRE DE 1re CLASSE

PARIS
LIBRAIRIE MILITAIRE DE J. DUMAINE
LIBRAIRE-ÉDITEUR
Rue et Passage Dauphine, 30

1872

L'ARMÉE PRUSSIENNE

A LA MÊME LIBRAIRIE

Paris. — Imprimerie J. DUMAINE, rue Christine, 2.

ENTRETIENS MILITAIRES DE LA RÉUNION DES OFFICIERS.

L'ARMÉE PRUSSIENNE

PREMIER ENTRETIEN

FAIT LE 6 FÉVRIER 1872 A LA RÉUNION DES OFFICIERS

PAR

M. LAHAUSSOIS

SOUS-INTENDANT MILITAIRE DE 1re CLASSE

PARIS
LIBRAIRIE MILITAIRE DE J. DUMAINE
LIBRAIRE-ÉDITEUR
Rue et Passage Dauphine, 30

1872

L'ARMÉE PRUSSIENNE

I

Messieurs,

Une armée n'est autre chose qu'un instrument dans la main d'une nation, et l'on y retrouve toujours les tendances, les mœurs, les qualités et les défauts du peuple qui l'a recrutée.

Ayant donc à vous entretenir de l'*armée prussienne,* dont la constitution, le mécanisme et le fonctionnement vous ont été complétement exposés dans des publications du plus grand mérite, j'ai pensé qu'il pourrait vous paraître surtout intéressant d'entendre rappeler, au moins très-succinctement, l'histoire de la Prusse, l'exposé de sa constitution administrative et sociale.

En ajoutant ensuite à ce tableau, celui des institutions militaires et particulièrement les causes morales qui seules leur donnent une valeur, nous aurons les données nécessaires pour bien juger le peuple qui pèse si lourdement sur nos destinées.

En 1640, (il y à 232 ans,) la Marche de Brandebourg et la Prusse ducale, ruinées par des guerres interminables et n'offrant plus à la place des villages et des villes que des amas de décombres, étaient habitées par une population presque barbare de deux millions d'âmes.

A cette époque, ces contrées échurent en héritage à un jeune homme de 20 ans, le grand-électeur Frédéric Guillaume.

A peine en possession de sa régence, ce héros fit preuve des plus grandes qualités militaires et administratives. Il sut lever et aguerrir une armée de 30,000 hommes, jouer un rôle important dans la fin de la guerre de trente ans, et obtenir par le traité de Munster, la Poméranie suédoise, l'archevêché de Magdebourg, les évêchés d'Halberstadt, de Minden et de Camin. Pendant ce temps, il avait hérité des duchés de Juliers et de Clèves, des comtés de la Mark et de Ravensberg. Enfin, pour comble de bonheur, 20,000 protestants, chassés de France par la révocation de l'édit de Nantes, vinrent se réfugier dans le Brandebourg et y apporter l'industrie et la richesse qui y faisaient défaut. Frédéric-Guillaume, depuis lors surnommé le Grand, mourut en 1688, laissant à son fils Frédéric III des états pacifiés et en grande voie de prospérité. Le père avait voulu étendre son électorat, le fils voulut être roi et il y parvint en entrant dans la grande alliance contre Louis XIV, ligue formée par Guillaume roi d'Angleterre. Moyennant la promesse de 10,000 hommes entretenus pendant toute la guerre contre la France, Léopold d'Autriche lui accorda le titre de *roi de Prusse* et le couronnement eut lieu en 1701. Cependant la reconnaissance des diverses puissances européennes se fit attendre jusqu'en 1713.

Le royaume de Prusse, aujourd'hui si redoutable, n'a donc que 159 ans d'existence.

Voici, Messieurs, le jugement de Frédéric II sur son grand-père qui en fut le fondateur :

« L'ambition de l'électeur Frédéric III, dit-il dans ses mémoires sur la maison de Brandebourg, se trouvait resserrée tant par son État que par ses possessions ; sa faiblesse ne lui permettait pas de s'agrandir sur ses voisins aussi forts que lui, et il ne restait de ressource à ce prince que l'enflure des titres. Aussi, tous ses vœux se tournèrent du côté de la royauté dont les dehors le flattaient par le faste de la représentation et par un certain travers de l'amour-propre qui se plaît à faire sentir aux autres leur infériorité.

« Mais ce qui fut, en effet, l'ouvrage d'une vanité bourgeoise et puérile, se trouva, dans la suite, un chef-d'œuvre de politique : car la royauté tira la maison de Brandebourg de ce joug de servitude où la maison d'Autriche tenait alors tous les princes d'Allemagne. C'était une amorce que Frédéric III jetait à toute sa postérité et par laquelle il semblait leur dire « Je vous ai acquis un titre, rendez-vous en dignes ; j'ai jeté « les fondements de votre grandeur, c'est à vous d'achever « l'ouvrage ! »

De là, sans doute, Messieurs, la mission providentielle du roi Guillaume !

Le premier roi de Prusse mourut en 1713 au moment où le traité d'Utrecht lui reconnaissait la couronne.

Son fils, *Frédéric-Guillaume* 1er, qui lui succéda, est représenté par l'histoire comme un butor uniquement occupé à dresser des soldats géants. Sous son règne, la Prusse devint un vaste camp et se couvrit de bureaux. Il commandait personnellement l'armée à laquelle il ne laissait nul repos et dirigeait par les bureaux tous les services publics.

C'est de ce règne que datent l'éducation militaire de la Prusse, les traditions de travail et de parcimonie de la bureaucratie prussienne et aussi l'instruction populaire aujourd'hui si développée en Allemagne.

Frédéric-Guillaume, que le roi d'Angleterre désignait sous le nom du *roi sergent* ou de *mon frère le caporal*, sut cependant tenir tête à Charles XII et la paix de Stockolm en, 1720, lui attribuait la Poméranie ultérieure, les villes de Stettin et d'Usdom.

Frédéric II lui succéda en 1740. Vous connaissez tous, Messieurs, le règne de ce monarque, je me contenterai donc de rappeler qu'il agrandit la Prusse de la *Silésie* conquise sur l'Autriche après sept années de guerres, de la *Prusse royale* et du *duché* de Posen provenant du partage de la Pologne, et que, lorsqu'il mourut en 1787, on pouvait se représenter la Prusse comme formant deux armées : l'armée civile et l'armée militaire habituées toutes deux à obéir aux ordres d'un chef unique. Il était facile de prévoir ce que deviendraient de semblables institutions tombant entre les mains d'un monarque mou, paresseux et dépensier comme Frédéric-Guillaume II.

La bureaucratie ne sentant plus peser sur elle une volonté de fer, tomba dans la routine, devint insolente et paresseuse; l'armée, dont une faible partie seulement prit part aux guerres de la *coalition* de 1792 à 1795, époque à laquelle la Prusse signant la paix de Bâle, s'engagea à la neutralité,— l'armée, dis-je, cessant d'être exercée, la discipline tendit à en disparaître; les officiers cessèrent de travailler et s'endormirent, confiants dans la supériorité de la tactique et de l'infanterie prussienne.

Frédéric-Guillaume II règna onze ans. Il avait reçu de Frédéric le Grand, un trésor de 72 millions d'écus de Prusse, il laissa à son fils 28 millions de dettes, des institutions financières devenues l'horreur de la nation, un crédit qui commençait à s'altérer et des besoins qui devaient croître chaque jour en présence des guerres à soutenir contre la France.

Frédéric-Guillaume III, son fils, fut un prince particulièrement vertueux et économe, mais timide et irrésolu; incapable de jouer le grand rôle auquel il était appelé, et il ne fallut que vingt ans pour anéantir l'œuvre des deux grands Frédéric qui s'écroula à Iéna en 1806. Alors, Messieurs, dans cette nation chez laquelle le moindre paysan savait par cœur l'histoire de son pays, où chaque citoyen était plein d'admiration pour l'œuvre presque miraculeuse de trois grands hommes, il s'éleva un immense cri de colère contre le roi, la noblesse, l'armée: « L'État avait été vendu, les officiers avaient été des lâches, les fonctionnaires étaient corrompus. Il fallait une révolution » et, très-vraisemblablement, sans l'occupation par l'armée française, la Prusse, comme la France, eût vu sa destinée coupée en deux par de sanglants et tragiques événements.

Mais la présence des armées françaises força la nation

prussienne à se recueillir et les hommes sages purent se faire entendre. En fait, Messieurs, la Prusse, réduite par le traité de Tilsit, aux provinces héréditaires, moins *Magdebourg*, fut sauvée par un homme. Elle eut la bonne fortune de rencontrer au moment de son désastre un véritable homme d'État, à la fois éclairé et doué d'une volonté opiniâtre, sans esprit de parti et exclusivement voué au bien, — j'ai nommé le baron de Stein.

Dès le lendemain de Tilsit, parut l'édit du 9 octobre 1807, décrétant l'abolition des priviléges et proclamant l'égalité devant la loi.

Cette journée du 9 octobre fut pour la Prusse, comme la nuit du 4 août en France, le point de départ d'une révolution.

Mais tandis que chez nous la Révolution ne fut autre chose que la continuation brutale, le perfectionnement poussé à l'extrême du mode vicieux de gouvernement développé sous Louis XIV; tandis qu'une centralisation sans exemple détruisait chez nous jusqu'à la dernière corporation, jusqu'à la dernière trace d'indépendance, de caractère individuel et d'intérêts locaux, le baron de Stein, instruit des conditions essentielles à la vie des sociétés, se proposa un but justement opposé.

Les deux Frédéric avaient travaillé à transformer la nation prussienne en une machine faite à leur main; Stein, ayant sous les yeux la preuve que de semblables machines, qui ont pour résultat immédiat d'empêcher les hommes de se développer et de se produire, ne peuvent, en outre, être maniées que par des hommes véritablement extraordinaires, le baron de Stein, dis-je, travailla à faire de la Prusse une nation virile et il y réussit en se gardant de niveler et de rendre uniforme tout ce qui gagne à vivre d'une vie propre. En d'autres termes, le baron de Stein fut un réformateur radical, mais éclairé et conservateur, qui, de parti pris, opposa à la centralisation égalitaire et destructive de l'Occident le vivant organisme des communes, des corporations et des familles.

Son premier soin fut de porter la main sur la bureaucratie. Il se garda de la détruire ; mais à la surveillance inquiète et jalouse du gouvernement qui abaisse toujours les caractères, il substitua la responsabilité individuelle.

A l'action centrale et unique, toujours lourde, embarrassée et critiquée lorsqu'elle n'émane pas d'un homme capable de devenir l'idole de la foule, il substitua l'action collective et locale. Sa première circulaire est restée justement mémorable : « Les employés, dit-il, doivent cesser d'être des instruments muets et mécaniques entre les mains du prince, des machines qui exécutent des ordres sans volonté, sans vues propres ; je veux que désormais, ils fassent les affaires avec indépendance et de leur propre mouvement ; je les laisserai sans instructions de détail, et je leur défends de consulter l'autorité centrale ; je frapperai l'incapacité et la pusillanimité, je récompenserai le courage et l'habileté... »

Il fut posé en principe, et cette règle est aujourd'hui encore appliquée, que le gouvernement central nommerait seulement les chefs supérieurs des services et que ceux-ci choisiraient leurs auxiliaires ; les uns et les autres devant cependant réunir certaines conditions de savoir et de grades universitaires.

L'organisation administrative de la Prusse a donc été constituée sur ces données ; elle forme l'une des principales forces de l'Allemagne ; et puisqu'elle est intimement liée à son organisation militaire, j'essaierai, Messieurs, de vous la faire connaître.

La monarchie prussienne est divisée en *provinces*.

La province est divisée en *régences* (quelque chose comme notre département) le double en superficie.

Les régences sont divisées en *cercles* (arrondissement).

Chacune des provinces, bien que de grandeur inégale, forme une unité complète au point de vue administratif, militaire, financier et ecclésiastique.

A sa tête, est placé un *président supérieur* qui doit remplir deux conditions : 1° avoir conquis, par des grades élevés dans la science et la jurisprudence, des droits à une semblable position ; 2° être un grand propriétaire ou un personnage influent de la province.

Le président ne relève point du ministre de l'intérieur ; il relève du conseil des ministres, devant lequel il est responsable.

Il a la haute surveillance des *préfectures* (régences) et des recettes générales (attributions gouvernementales).

Il exerce surtout l'administration de tout ce qui concerne l'intérêt général de la province (établissements communs à plusieurs *régences,* routes et travaux publics, rapports avec les chefs du corps d'armée de la province).

Ce fonctionnaire, en apparence très-indépendant et très-puissant, n'est cependant que le pouvoir exécutif des *assemblées provinciales* ou *Etats de province* qui représentent *la propriété foncière seule.* Ces assemblées ont un rôle politique purement consultatif, mais elles forment des corps administratifs *autonomes* (les réunions sont bisannuelles.)

Chaque province ainsi gouvernée se subdivise en *districts de régence,* administrés par un *collége de fonctionnaires,* dont le *Président de régence* (préfet), n'est que le président, distribuant les affaires entre les membres du Conseil, réglant les délibérations et se soumettant à la décisions de la majorité.

Ce conseil de régence est quelque chose comme nos conseils de préfecture s'y l'on y admettait les chefs de division et de bureau. C'est dans cette organisation qu'on retrouve le principe traditionnel du baron de Stein : concilier autant que possible la division du travail avec l'intérêt général et l'unité d'action, empêcher l'arbitraire en stimulant les fonctionnaires non par l'inspection, non par la délation, mais par la collaboration et la responsabilité.

Le district de régence n'est point une personne civile, il

n'a pas de propriétés, et par conséquent, pas de budget à faire voter.

Les vingt-cinq districts de régence forment ensemble trois cent trente-deux *cercles* de l'étendue de nos arrondissements. — L'administration du cercle est confiée à un landrath qui diffère essentiellement de nos sous-préfets, en ce que au lieu d'être un homme faisant métier d'être sous-préfet et n'ayant que ses appointements pour vivre, le landrath est un notable, grand propriétaire du pays, et toujours muni de grades scientifiques exigés; parfois même c'est un ancien ministre, un haut dignitaire. Il est présenté au choix du gouvernement par l'élection du cercle.

Au fond, ce landrath est le pouvoir exécutif des *états du cercle*, composé de tous les propriétaires de biens nobles, des députés des villes et communes rurales.

Le caractère général de cette organisation ne vous aura pas échappé, Messieurs, elle représente la fusion la plus heureuse de ce que nous appelons l'ancien et le nouveau régime. Partout la forte main du pouvoir central; mais partout la responsabilité des fonctionnaires, partout la coopération et le contrôle des administrés. Vous en comprendrez toute la puissance si vous voulez bien vous souvenir que le roi nomme seulement aux fonctions supérieures, et que les fonctionnaires élevés nomment librement les fonctionnaires de second et de troisième ordre sans autre règle que la nécessité d'exiger d'eux certains brevets de capacité et de science.

Aussitôt qu'un fonctionnaire a acquis tous les grades exigés, aussitôt qu'il a été nommé, il devient en quelque sorte inamovible, car le droit d'avancement sur place est pour ainsi dire la règle, et le fonctionnaire ne peut être révoqué sans qu'une cour disciplinaire soit entendue. Le gouvernement ne se reconnaît pas le droit de le déplacer sans couvrir, au moins, les frais de déménagement.

Les fonctionnaires des différents services forment donc, en réalité, autant de fortes corporations locales. Il est très-rare qu'un fonctionnaire en Prusse puisse dire : « *Qu'est-ce que cela me fait, je ne suis pas d'ici!* » Il est toujours d'*ici*, et l'opinion publique réclame de lui les bons exemples de toute nature. C'est pourquoi on ignore en Prusse le service et le budget des inspections.

Vous me pardonnerez, Messieurs, cette trop courte esquisse ; cependant vous la trouverez probablement suffisante pour expliquer comment se trompent ceux qui cherchent à nous consoler en nous montrant l'Allemagne menacée par le *césarisme*. Si vous aviez besoin d'une nouvelle preuve pour rester convaincus de la force de résistance et de stabilité de toutes choses dans ce pays, vous la trouveriez dans la constitution de la propriété et de la famille.

Dans la confédération de l'Allemagne du Nord, même dans les quelques contrées ou Napoléon Ier avait à dessein introduit le Code civil, — les populations ignorent ce que c'est que de partager un héritage comprenant des immeubles.

A proprement parler même, chez les paysans, il n'y a jamais d'héritage. Dans chaque petit domaine rural, le père s'associe de bonne heure l'un de ses fils, et tous les deux travaillent de toutes leurs forces à produire tout ce qui est nécessaire pour élever les autre enfants et les établir convenablement au dehors. Si par hasard il s'en trouve un, parmi eux, qui montre de grandes qualités intellectuelles, alors la famille se saigne aux quatre veines pour le pousser à une université ou à de grandes fonctions. L'État n'a donc pas besoin de rechercher les hommes de valeur ; la nation se charge de la sélection et les lui offre tout nantis du bagage nécessaire.

Le père mort, le fils associé prend sa place, c'est-à-dire qu'il continue à travailler au profit de ses frères, de ses sœurs et de ses enfants. Cette constitution de la famille était celle de nos familles rurales dans la Normandie, l'Auvergne et les provinces du Midi avant la loi de 1793 et le Code civil. Elle a pour résultat de faire que chaque famille voit naître autant d'enfants que le comporte la fécondité des femmes, c'est-à-dire en moyenne 11 en 25 ans. C'est ainsi que de 1790 à 1867, l'Allemagne a accru sa population de 57 0/0, tandis que la France n'a obtenu qu'une augmentation de 23 0/0. Mais cette proportion de 23 0/0 en 77 ans, va sans cesse en diminuant et avec une rapidité dont vous jugerez par les chiffres suivants. De 1817 à 1821, il y eut encore en France un excédant de population de 958,000 âmes ; de 1852 à 1856 cet excédant n'était plus que de 304,000 ames, et de 1857 à 1861, malgré l'annexion de Nice et de la Savoie, l'accroissement ne fut que de 521,000 âmes. C'est ce qui vous explique, Messieurs, comment, dans le sud-ouest de la France, la culture des vignes serait impossible sans le concours des Espagnols, comment dans le sud-est, l'exploitation des carrières et des mines, serait impossible sans le concours des Piémontais ; comment Lyon voit son commerce et son industrie passer entre les mains des Suisses, comment l'industrie de Paris et de l'Est ne peuvent se passer de 200,000 allemands.

L'Allemagne possède encore une source de très-grande force ; je veux parler de l'instruction publique. Elle y est obligatoire, mais non gratuite, jusqu'à l'âge de 14 ans, et cela depuis 1792. L'instruction est donc en Prusse un devoir envers l'Etat, comme l'impôt et le service militaire ; seulement, ici comme dans le reste, l'Etat s'efface devant la commune qui est tenue d'instruire ses pauvres.

Dans les campagnes, l'école est placée sous la direction du pasteur ou du curé et des pères de familles ;

Dans les villes, sous la direction de ce qu'on peut appeler la commune scolaire, c'est-à-dire de conseils de quartier.

Chaque régence forme librement et à sa guise, ses instituteurs qui doivent tous être passés par l'armée. Dans l'instruction secondaire, les lycées n'appartiennent que par exception à l'Etat, et l'internat, bien loin d'y être la règle, y est considéré comme une détestable institution.

Les professeurs se forment librement aux universités et sont choisis par leurs collègues du lycée où ils se présentent.

Dans l'enseignement supérieur, les universités bien que dotées par l'Etat, forment autant de corporations s'administrant librement.

Enfin à aucun degré, les ministres de l'instruction publique ne se mêlent de tracer des programmes. Fidèles aux traditions du baron de Stein, ils savent qu'ils n'y a point d'homme infaillible, et ils craindraient d'enseigner une erreur à vingt générations. Le respect de la jeunesse et de la liberté individuelle n'est pas seulement dans leurs discours, il est aussi dans leurs actes.

Les pères de famille, les conseils scolaires des provinces, les universités choisissent les programmes qui leur paraissent les meilleurs.

A tous les degrés de l'enseignement prussien, on retrouve donc l'émulation, la liberté et la responsabilité. Nulle part d'enseignement officiel, de vérité officielle, et par conséquent, nulle part de préjugés ni d'erreurs officiels. De là, des résultats dont nous ne nous faisons, en général, aucune idée.

Telle est, Messieurs, dans ses traits principaux, la nation Prussienne.

Sa constitution administrative et sociale si différente de la nôtre, n'est nullement due au hasard, encore moins à des différences de tempérament, car tous les reproches qui nous sont adressés aujourd'hui : légèreté, insouciance, ignorance, corruption, tous ces reproches, dis-je, furent adressés à la Prusse en 1806.

Ce royaume à peine formé, et, menacé d'une ruine définitive, n'y a échappé qu'en conservant de son passé, les institutions conformes à la vraie science sociale et au bon sens, c'est-à-dire la famille-souche qui lui donne une nombreuse population, les libertés communales, l'autonomie administrative du cercle et de la province, pépinières d'hommes d'état, et en choisissant, par haine de la Révolution française et de son plus illustre représentant, les institutions du self-government qui entretiennent la liberté et la responsabilité, c'est-à-dire les seules sources de la grandeur morale et de la dignité de l'homme.

Gardons-nous donc d'oublier qu'en face de notre pays en voie de dépopulation, incapable déjà de recruter ses carrières civiles, se dresse un peuple résolument fécond, naturellement discipliné par l'autorité du père de famille, — doué d'un sens pratique qui le place à l'abri des commotions violentes et des utopies; — parfaitement uni dans une pensée dont chaque enfant hérite en naissant : reconnaissance et fidélité à la famille des Hohenzollern qui a fait la grandeur de la Prusse, abaissement, par tous les moyens, de la France et de l'Autriche.

Mais cette esquisse ne serait pas complète, si je n'appelais votre attention sur le sens politique très-dangereux dont la nation Prussienne est capable, grâce à son organisation sociale qui permet de conserver les traditions, la suite dans les idées et les entreprises.

Vous connaissez tous, Messieurs, l'amitié de Voltaire et de Frédéric II, la liaison de ce monarque avec Diderot et les encouragements qu'il donna aux encyclopédistes, afin de les aider à détruire en France tout sentiment religieux. Or, tandis qu'il écrivait en français une série de *Voltairianas*, il rédigeait en allemand pour l'instruction de son peuple un règlement dont voici les passages principaux :

« On voudrait tenir ce malheureux royaume dans un état de barbarie ; moi je veux l'élever et le civiliser ; mais si je ne fais pas des chrétiens tout le reste ne profitera guère.....

« Depuis le rétablissement de la paix, le véritable bien-être de nos peuples occupe tous nos instants : or, nous croyons nécessaire et utile de poser le fondement de ce bien-être en constituant une instruction raisonnable en même temps que chrétienne pour donner à la jeunesse, avec la crainte de Dieu, les connaissances qui lui sont utiles.

« Comme les bons maîtres font les bonnes écoles.... un maître d'école ne doit pas seulement avoir une aptitude suffisante pour instruire les enfants ; mais il faut, de plus, que toute sa conduite soit un exemple et qu'il ne renverse pas par ses actes ce qu'il édifie en paroles.

« C'est pourquoi les instituteurs plus encore que les autres, doivent être animés d'une solide piété.

« Avant toutes choses, les instituteurs doivent posséder la vraie connaissance de Dieu et du Christ, en sorte que fondant la rectitude de leur vie sur le christianisme ils accomplissent leur mission devant Dieu, en vue du salut et qu'ainsi par le dévouement et le bon exemple, ils rendent heureux leurs élèves dans cette vie et les préparent encore à la félicité éternelle.

« En ce qui touche les leçons de l'école, les maîtres devront toujours s'y préparer par la prière et demander à l'auteur de tous dons, pour la bénédiction de leur travail, la sagesse et la patience : qu'ils prient surtout le Seigneur de leur accorder des sentiments de père pour les enfants qui leur sont confiés, qu'ils pensent que sans l'assistance divine, ils ne peuvent rien faire ni gagner le cœur de leurs élèves. »

Ces parties du règlement de Frédéric sont encore en vigueur, et cette pratique de la prière à l'école se retrouve dans les régiments. A certaines heures le clairon de garde sonne la prière, et les soldats doivent alors se lever, s'arrêter et se découvrir.

Il est difficile, Messieurs, d'imaginer une politique plus profonde et plus astucieuse ; et, sous peine de rester de grandes dupes, nous devons savoir que cette politique dont le roi et la noblesse étaient alors seuls capables, est devenue l'apanage de toute la nation.

Dès le lendemain de Sadowa, dès le lendemain de cette victoire qui pouvait tant nous donner à réfléchir, les Allemands du nord se sont pris à répéter : « Qu'on ne nous parle pas de Sadowa ! Une campagne de trois semaines, c'était tout ce que nous pouvions faire; mais nous sommes incapables d'une offensive contre la France ! »

Cette phrase, mille fois répétée à nos voyageurs, aux exposants de 1867, se trouve reproduite dans *la Prusse contemporaine* d'Hildebrand; elle a figuré dans le journal *des Débats* et la *Revue des Deux-Mondes.*

Depuis notre défaite, la Prusse obéit à deux mots d'ordres :

1° Répéter à satiété dans les journaux;

La révolution continue à faire le tour du monde..... La commune est déclarée en Amérique..... Le socialisme est une maladie européenne. — Et comme on prend volontiers son mal en patience, pourvu qu'il soit épidémique; ces phrases dont on rit à gorge déployée de l'autre côté du Rhin, sont imperturbablement reproduites par la presse française.

Le deuxième mot d'ordre consiste à affirmer que le tempérament français ne supportera pas le service obligatoire.

Sur ce sujet, Messieurs, je me garderai de tout commentaire, et j'aborde dès à présent l'étude de l'armée prussienne.

II

On croit généralement et l'on dit que le système militaire prussien date de 1814 et qu'il a été créé de toutes pièces à la suite d'expériences nécessitées par le traité de Tilsit qui ne permettait à la Prusse qu'un effectif de 42,000 hommes sur le pied de paix.

C'est là Messieurs, sinon une erreur totale au moins une grande inexactitude.

La vérité, c'est que l'armée prussienne sous Frédéric et ses successeurs était déjà une armée à service intermittent, organisée au fond et pour les nationaux sur ce principe : la force de l'armée repose sur l'instruction et l'entraînement du soldat; — l'instruction du soldat s'obtient par une instruction professionnelle une fois donnée, — l'entraînement, par des séances annuelles de répétition.

Voici, Messieurs, comment j'ai fait cette découverte.

Je m'étais souvent demandé par quel procédé Frédéric avait réussi à entretenir une armée de 200,000 hommes dans un pays pauvre et ingrat, peuplé seulement de 4,000,000 d'âmes, à soutenir une guerre de sept années, et bien loin de ruiner la Prusse, à laisser un trésor de 72 millions d'écus.

En effet, Messieurs, toute proportion gardée, le problème que Frédéric a résolu de son temps est celui que la France devrait se proposer aujourd'hui, si elle voulait entretenir une armée de 2 millions d'hommes; et il tombe sous le sens qu'il nous serait impossible, à tous les points de vue, de conserver 2 millions d'hommes dans les casernes.

J'ai donc cherché dans ces derniers temps, et trouvé parmi les brochures publiées après Iéna, un écrit faisant connaître explicitement l'organisation de l'ancienne armée prussienne, les vices qu'on y avait reconnus, — et les conseils donnés pour l'améliorer.

Le volume auquel je fais allusion est intitulé :

Matériaux pour servir à l'histoire des années 1805, 1806 et 1807. — Les bouquinistes allemands l'attribuent à Guillaume de Humboldt (le frère du géologue et le fondateur de l'université de Berlin); *Le Dictionnaire des Anonymes* l'attribue aux descendants d'une famille protestante réfugiée dans le Brandebourg après la révocation de l'Édit de Nantes, à Lombard, conseiller intime du roi *Frédéric-Guillaume III*, ami et grand admirateur du baron de Stein. Mais que la brochure soit de Guillaume de Humboldt ou du conseiller Lombard, nous sommes certain d'être en possession des renseignements les plus authentiques sur les vues des réformateurs de 1814.

« Notre armée, dit l'auteur, a été l'objet d'une admiration aveugle jusqu'à nos malheurs; elle a été indignement calomniée depuis ; elle avait ses vices, elle en avait de grands ; mais ce n'étaient pas des vices qu'un gouvernement inepte ou lâche y eût laissé introduire. Ils étaient dans sa constitution primitive, soit qu'ils y eussent toujours été comme vices ou que des institutions utiles dans l'origine eussent cessé de l'être par le changement des temps : de ces imperfections, voici les plus graves. Soyons justes, même quand nos aveux nous accusent.

« Le tiers de l'armée, sous Frédéric le Grand, était composé d'étrangers, c'est-à-dire le plus souvent de vagabonds que leur conduite avait réduits à se vendre et que la crainte seule retenait sous les drapeaux. Il en coûtait annuellement à l'État des sommes énormes pour attirer des milliers de gens sans aveu, qui empoisonnaient les mœurs des garnisons, sans compter que bien des officiers estimables ont perdu les leurs dans ce métier abominable de recrutage, où ils n'avaient autour d'eux, pendant des années entières, que le spectacle du vice.

« Ce mal avait été nécessaire tant que la Prusse, forcée à un rôle fatigant, avait entretenu une armée trop nombreuse pour sa population. Mais pourquoi conservait-on des éléments vicieux depuis les progrès de la monarchie ? *Grâce au système qui, pendant dix mois de l'année, rendait à l'agriculture le* PLUS GRAND NOMBRE *des conscrits,* notre armée ne surpassait plus autant nos moyens.... »

Ainsi, le *plus grand nombre* des conscrits alternaient entre le régiment et le foyer ; mais que doit-on entendre par *le plus grand nombre ?*

« La *compagnie* donnait l'aisance... mais comment la donnait-elle ? Ce n'était pas à leurs gages que les capitaines devaient d'être riches ; c'était au règlement vicieux qui leur abandonnait l'économie de leur compagnie et la fourniture d'une grande partie des besoins du soldat. C'était surtout à la malheureuse institution qui leur attribuait la solde des semestriers. Un capitaine avare en multipliait le nombre au point que le service devenait insupportable aux restants. Il pouvait forcer à retourner dans leurs chaumières ceux mêmes qui ne voulaient pas de cette faveur, les vexer de courses inutiles, soit en les rappelant subitement, s'il recevait de la cour quelques ordres de précaution, soit en les faisant repartir plus vite, si, sur la foi des bruits publics, il croyait ne rien hasarder. Le soldat sera malheureux tant qu'on pourra trafiquer de son malheur. Que l'état pourvoie richement aux besoins des capitaines, ils auront celui d'être aimés. Un grand nombre l'était déjà en dépit de tous les piéges. »

D'où cette conclusion, que les capitaines étaient non-seulement autorisés, mais encouragés à ne conserver au régiment que le nombre d'hommes strictement nécessaire pour monter la garde ; il est bon d'ajouter qu'on montait la garde, surtout pour prévenir la désertion des mercenaires.

Il reste à savoir à partir de quel instant on considérait le soldat comme apte à recevoir ces congés de dix mois.

Frédéric semble avoir pris soin de nous l'apprendre dans l'instruction à ses généraux :

« Nos régiments, dit-il, sont composés moitié de gens du pays (effectif présent) moitié d'étrangers qui ont été enrôlés pour de l'argent. Ces derniers n'ayant rien qui les attache, n'attendent que la première occasion pour s'en aller. Il s'agit donc d'empêcher la désertion.

« Si un homme bien dressé déserte et qu'il soit remplacé par un autre aussi bien dressé, la chose est égale. Mais si un soldat que l'*on a formé pendant deux ans* au maniement des armes pour lui donner un certain degré d'agilité, vient à déserter et qu'il soit remplacé par un mauvais sujet ou qu'il ne le soit point du tout, cela tirera à la longue à conséquence. »

Frédéric regarde donc deux années comme suffisantes pour rendre un soldat déjà précieux, et c'est en effet après deux ans, deux ans et demi d'école que le conscrit retournait à la terre pour dix mois. Nous devons donc nous figurer l'ancienne armée prussienne comme composée d'un noyau permanent comprenant : 1° les mercenaires qui ne recevaient jamais de congés et pour cause; 2° les conscrits à l'école (deux ou trois classes): 3° les conscrits rappelés en séances de répétition; le reste vivait en congés de dix mois.

Ce qui constitue bien, comme j'ai eu l'honneur de vous le dire, une armée à *service intermittent* tirant sa force d'une instruction complète donnée au soldat sous la forme d'un premier stage au régiment, stage aussi court que possible, et de périodes annuelles de confirmation.

Quant à la discipline terrible dont on parle tant et qu'on considère mal à propos comme la source voulue de la force des armées de Frédéric, le passage que je viens de vous lire prouve bien qu'elle n'avait été introduite dans l'armée que pour y contenir les mercenaires, c'est-à-dire, ce qu'il y avait de plus mauvais.

S'il vous fallait une nouvelle preuve, je vous citerais ces quelques lignes de M. Rustow : « La condition du soldat était mauvaise ; pour empêcher les étrangers de s'y soustraire par la désertion, on établit une discipline sévère qui fut dès lors étendue aux enfants du pays. »

Telle était, Messieurs, en réalité l'ancienne armée prussienne; voici les reproches que lui adressaient les amis du roi en 1808.

D'abord, pourquoi des mercenaires? Pourquoi ce mode vicieux et ruineux de recrutement?

« Les mobiles qui longtemps avaient suffi pour diriger la machine, ne suffisaient plus aujourd'hui. Des lumières nouvelles ont contraint à des procédés nouveaux. Partout on affecte de parler à la raison de l'homme. Mais vous qui, à la veille d'une guerre, en appelez dans des proclamations oratoires au patriotisme du soldat, à son intérêt, à son devoir, à ses affections domestiques, le pouvez-vous avec pudeur, tant que *cinquante mille bannis* vous entendent, sans que de toutes ces images il en soit une seule à leur usage? »

On se plaint donc, après Iéna, précisément des soldats de métier, de ceux qui jamais ne quittaient la caserne, et l'on s'en plaint, parce que l'homme qui habite une caserne indéfiniment n'a plus d'affections domestiques, parce qu'il est privé de la source même du patriotisme. Quel est alors le meilleur soldat?

« De ces temps où le grand moyen de discipline était le châtiment et la crainte, où l'État entretenait des machines pour sa défense, il était resté sur l'état militaire des idées qui tuaient l'honneur. L'exemption du service était un privilége. On composait avec le premier devoir du citoyen. Dans les villes les plus populeuses et les plus riches, l'habitant était dispensé de porter les armes. Dans plusieurs classes, et c'étaient les plus honorées, l'état du père exemptait également les enfants. Ainsi la patrie repoussait de préférence les défenseurs de qui surtout elle pouvait attendre l'honneur qui tient aux lumières, et le courage que donne la propriété. Ainsi le citoyen, appelé sous les drapeaux, s'accoutumait à regarder comme une peine ce qui devait lui donner un rang. Ainsi la capitale et les grandes villes, dont malheureusement tant de causes favorisent l'accroissement, se peuplaient encore de fugitifs, qui venaient ou se dérober eux-mêmes à l'appel de la patrie ou y soustraire aux moins leurs enfants. »

Après avoir condamné le soldat de métier et glorifié le service intermittent, le groupe d'hommes qui entouraient le roi vaincu à Iéna, affirmaient, vous le voyez, Messieurs, que le meilleur soldat est celui à qui les lumières donnent le sentiment de l'honneur; et la propriété: le courage.

Mais ils n'avaient pas attendu Iéna pour concevoir la nécessité d'une réforme:

« L'homme chez nous qui a senti le mieux la nécessité de marcher avec le siècle et de refondre la constitution de l'armée prussienne sur les principes de la nouvelle tactique, c'est le roi. Juge excellent et toujours impartial, il ne cessait d'admirer les ressources des armées françaises; il ne se cachait pas l'avantage que leur donnait sur la nôtre le peu de besoins des corps, les habitudes dures des officiers et les facilités qui en résultent pour vivre et pour se mouvoir. Pénétré de la nécessité d'une réforme, il en avait lui-même travaillé l'idée première. Sans cesse il pressait ses généraux de confiance d'aller en avant pour le détail. On lui a toujours répondu que la chose était impossible, et, au moment où il allait prouver le contraire, l'heure de la catastrophe a sonné.

« Et qu'on ne croie pas si facile le renversement d'une constitution longtemps en honneur. Non-seulement chaque réforme blesse à l'infini les intérêts particuliers, mais, dans les souvenirs glorieux qui font la force d'une armée, l'armée confond si aisément ce qu'elle a fait avec ce qu'elle a été, ses victoires et ses formes, les causes et les accessoires, qu'on ne touche pas même sans danger à ses vieilles habitudes. Mais quand tout périt, il en coûte moins de rebâtir, et le système militaire français s'est élevé sur les ruines de l'État. Aujourd'hui, Frédéric-Guillaume peut trancher dans le vif, tous les amours-propres sont muets, chacun plie sous le poids du malheur public et de sa propre nullité. Alors, des gens instruits soutenaient que chaque armée a son caractère, ses conditions de succès, et, quelque sage qu'eût été maint changement dans la nôtre, peut-être s'il avait eu lieu, des fanatiques y verraient-ils la cause de nos revers. »

L'ancienne armée prussienne ainsi connue, nous pouvons maintenant aborder l'étude des différentes transformations de la nouvelle armée de 1814 à nos jours.

1814. Les réformateurs proclament d'abord le devoir pour tous de défendre le pays et l'exclusion de tout mercenaire.

En conséquence de ce principe, tout sujet prussien fait partie du landsturm de 17 à 50 ans.

C'était une lourde charge pour les classes aisées, jusque-là exemptées, mais un soulagement pour les paysans qui jusqu'alors, une fois levés et instruits, devenaient les serfs du roi et soldats pour la vie.

L'armée dite permanente se composait de cinq classes dont trois au régiment et deux en congé :

La landwehr comprenait deux bans. { 1er ban de 25 à 32 ans. 2e ban de 32 à 39 ans.

Les soldats de l'armée permanente n'étaient soumis à aucun exercice pendant les deux années passées en congé, ou du moins je n'ai trouvé aucune trace d'une prescription semblable. Mais les régiments de landwehr du premier ban étaient réunis deux fois par an pendant une semaine ou deux pour des manœuvres d'ensemble, et des exercices individuels avaient lieu tous les dimanches. Vous reconnaissez là, Messieurs, la méthode de Frédéric ; elle est même aggravée, car le landwehrien du premier ban est soumis à cinquante-deux exercices individuels et à trois ou quatre semaines de manœuvres d'ensemble.

Il était écrit dans la loi que le premier ban de landwehr devait marcher côte à côte avec l'armée permanente, et chaque brigade se composait de deux régiments d'espèces différentes.

Le premier essai de ce système eut lieu en 1848 à propos de la guerre du Schleswig.

L'Allemagne n'ayant pas encore de chemins de fer, la levée et la concentration de la landwehr s'opéra très-lentement, la cavalerie, d'ailleurs, devait acheter ses chevaux avant de se mettre en route, et puisqu'aucune brigade ne pouvait partir sans son régiment de landwehr, la mobilisation du corps d'armée mis en campagne fut très-pénible.

De plus, les landwehriens se plaignirent d'être envoyés au feu tandis que la plus grande partie de l'armée permanente restait dans ses garnisons.

Cette leçon ne fut pas perdue et aussitôt que le roi Guillaume arriva au pouvoir avec le dessein d'écraser, s'il le pou vait, l'Autriche et la France, il s'adressa aux Chambres :

La landwehr, dit-il, ne doit plus marcher au feu que pourla défense du territoire, c'est-à-dire lorsque toute l'armée active est engagée.

« Mais puisque l'armée active ne comprend que cinq classes, notre force d'agression serait beaucoup trop faible si vous ne me faites pas une concession. Je demande donc à lever chaque année réellement un nombre d'hommes plus considérable que jusqu'à présent, et à prolonger jusqu'à sept années la durée du temps de service dans l'armée active. »

La Chambre se fit beaucoup tirer l'oreille, et finit par consentir en demandant que la durée du temps d'école fût légalement réduite à deux années — comme elle l'était dans la pratique — mais le roi fut inébranlable, par la raison toute simple, que l'expérience de 1848 ayant été fort mauvaise, il fallait redoubler d'efforts au moment de se mesurer avec des armées permanentes pleines de mépris pour la *garde nationale allemande.*

La réorganisation de 1860 donna donc aux forces prussiennes la forme suivante :

Une armée active comprenant 7 classes.	3 à l'école. 4 en congé (réserve).
La landwehr toujours composée de deux bans.	1er ban de 27 à 32 ans. 2e ban de 32 à 39 ans.

La guerre contre l'Autriche est conduite avec le plus grand succès. La Prusse s'agrandit de plusieurs provinces, par conséquent ses forces militaires augmentent et elle supprime le second ban de landwehr, avec d'autant moins de regret que ce second ban n'étant point organisé en temps de paix, devient inutile en temps de guerre, depuis que les campagnes sont si rapides.

Cette suppression donne lieu à une troisième réorganisation que nous étudierons, en détail, si vous le voulez bien :

La confédération de l'Allemagne du Nord compte aujourd'hui 29,700,000 habitants, et chaque année on y trouve de

300 à 330,000 jeunes gens de 20 ans, tandis qu'en France avec nos 40 millions d'habitants nous arrivions péniblement à 300,000. Sur ce nombre moyen de 315,000 jeunes gens de 20 ans, l'Allemagne en trouverait 200,000 valides ; mais comme il est écrit dans la loi que chaque conscrit doit d'abord trois ans de service consécutif et que l'on est très-économe de l'autre côté du Rhin, le contingent de chaque année en entier tire au sort, et d'après ce tirage il est fait deux parts : les 93,000 premiers sont appelés dans les corps de l'armée active, les autres sont classés dans la réserve de recrutement et ne sont appelés qu'en temps de guerre pour former ce qu'on appelle les troupes de dépôt.

En réalité le service n'est donc obligatoire, en temps de paix, que pour une partie du contingent.

Mais voici, Messieurs, l'un des deux éléments qui constituent *uniquement* la force de l'armée allemande : à proprement parler il n'y a ni dispense, ni cause d'exemption autre que l'invalidité physique, et encore faut-il remarquer que les incapables, *les impropres*, sont examinés plusieurs années de suite. De là, des conséquences considérables que nous apercevrons tout à l'heure.

Pour le jeune homme placé par le sort dans la première portion du contingent, le service militaire comprend douze années de service (de 20 à 32 ans,) dont sept dans l'armée active et cinq dans la landwehr. — Le service dans l'armée active consiste légalement en trois années de service consécutif et quatre années en position de congé.

Les régiments de l'armée active allemande se composent donc de sept classes, dont trois au régiment et quatre dans leurs foyers. Les classes en réserve ne sont soumises (en quatre ans) qu'à deux exercices de quinze jours chacun.

Les régiments de landwehr se composent de cinq classes, exercées seulement deux fois en cinq ans (chaque exercice ayant une durée de huit à quinze jours.)

En conséquence, chaque régiment d'infanterie reçoit chaque

année un nombre de conscrits répondant au septième de son effectif sur le pied de guerre. Mais les régiments de cavalerie reçoivent chaque année le *tiers* de leur effectif de guerre, de telle sorte que les trois classes à l'école forment un régiment complet (1).

Quoi qu'il en soit, Messieurs, pour des yeux faits comme les nôtres à l'armée permanente et au soldat de métier, ce système paraît à première vue d'une faiblesse extrême. On est même tenté de le prendre en pitié, lorsqu'on découvre, qu'en réalité, le fantassin ne passe que deux années à la caserne ; qu'un grand nombre même reçoivent au nom du roi des congés dès la seconde année, et qu'enfin, comme les classes intelligentes et industrielles ne pourraient impunément être soumises à trois années de caserne, — 12,000 jeunes gens sont admis comme volontaires à purger, en un an, l'obligation du service.

En effet, Messieurs, comment comprendre qu'on puisse en deux ans former des sous-officiers d'infanterie, en trois ans des sous-officiers de cavalerie et d'artillerie, tandis qu'en France ce n'est pas assez de cinq ans. Comment admettre qu'un régiment de cavalerie exclusivement composé de soldats de 20 à 23 ans puisse avoir de la valeur ? Autant de questions, autant d'occasions de hausser les épaules ! Évidemment cette armée n'est qu'une garde nationale déguisée. Or il se trouve que cette garde nationale a écrasé en quelques jours d'abord l'armée autrichienne admirablement composée de soldats de métiers, — et l'armée française qui se croyait invincible.

Il y a donc là-dessous quelque secret, et ce secret le voici :

Lorsque, dans une société civilisée, le législateur déclare

(1) En passant, je signalerai là un gaspillage d'hommes considérable ; car, pour trois classes formant le régiment, il y en a quatre en réserve et cinq dans la landwehr appelées seulement à fournir des cavaliers de remplacement.

que le pays ne peut être bien défendu que par des soldats de métier, longuement rompus au service et soumis au régime que Frédéric II appliquait à des mercenaires, — aussitôt les hommes remplis d'aptitudes marquées pour les professions libérales, industrielles et même pour les arts manuels, font observer que la société serait ruinée si on les forçait à abandonner un métier pour lesquels ils semblent nés, et à en adopter un autre dont ils se soucient fort peu.

Le législateur trouve avec raison que ces objections sont parfaitement justes, et il s'efforce d'abord de diminuer le contingent annuel en allongeant la durée du service, ensuite de soulager les classes dites libérales en introduisant dans la loi, sous une forme ou sous une autre, des exemptions et des dispenses. Rien de plus naturel, rien de plus nécessaire.

Mais la conséquence immédiate et fatale d'un pareil système est de recruter l'armée dans les couches inférieures de la nation :

Paysans pauvres illettrés, — instituteurs manqués, — déclassés de l'industrie ou du commerce.

De là un cercle vicieux auquel on ne peut plus échapper : *La longue durée du service éloigne de l'armée tous les hommes pourvus de connaissances qui y seraient pourtant si nécessaires — et l'état d'ignorance des conscrits exige une durée de service de plus en plus longue.* On a rêvé des soldats et des sous-officiers parfaits et il se trouve que pour obtenir des sous-officiers d'artillerie ou du génie, les régiments sont obligés d'organiser des cours de lecture, d'écriture, de géométrie, de plans cotés, de dessin linéaire, etc..

Le législateur a voulu une armée très-distincte de la société et la société lui répond, — d'abord en lui faisant demander chaque année par ses députés de nouvelles dispenses et de nouvelles exemptions, ensuite, en lui refusant carrément tout ce qui sait quoi que ce soit. On peut donc dire que dans le système des armées permanentes, l'État se charge, non pas d'entretenir une armée, mais de la créer de toutes pièces, avec les plus médiocres éléments.

Pour être convaincu de ce que je viens de dire, il suffit d'avoir assisté à une séance du conseil de révision.

Lorsque le préfet, ayant trouvé dans le canton le nombre de conscrits voulu, déclare que tous les autres inscrits sont définitivement exemptés, le conseil assiste invariablement à une bruyante explosion de joie.

Que signifie cette joie ?

Que ces jeunes gens sont des lâches, qu'ils ont peur de la guerre ? Nullement ; ils n'y pensent pas ! Mais ils savent que le métier, comme nous le comprenons, coupe court à tous les devoirs de famille, à toute profession, et surtout ils ont entendu dire que le métier de soldat est un métier de *meurt de faim !*

Lorsqu'on a été témoin de ces choses, non-seulement on ne s'étonne pas qu'il faille plusieurs années pour créer de bons sous-officiers ; — mais on s'étonne qu'il s'en trouve encore en nombre suffisant ; car, encore une fois, bien loin que la société vienne au secours de l'État, elle semble au contraire s'efforcer d'entraver ses efforts. Le gouvernement dit : il n'est pas de plus beau métier *que* celui de soldat ; — la société enseigne que, de tous, c'est le dernier ; et dans de semblables luttes, le gouvernement est toujours battu.

Au contraire, Messieurs, si le législateur déclare que le pays, pour être bien défendu, doit s'adresser d'abord à ceux qui possèdent, à ceux qui sont savants, à ceux qui sont doués d'intelligence et qu'en conséquence il n'y aura aucun moyen d'échapper au service militaire ;

Aussitôt, le père dresse ses enfants à l'obéissance, à la résistance aux fatigues ; il lui enseigne le patriotisme, car il ne veut pas être déshonoré dans la personne de ses fils. — Si le père oublie ses devoirs, l'instituteur à l'école, le professeur au lycée et même à l'université, le remplacent et travaillent à former le soldat, le sous-officier et l'officier, avant qu'il n'ait vingt ans. C'est ainsi, Messieurs, que tous les cours professés dans les écoles de guerre en Allemagne, sont, en concurrence, professés dans les universités et souvent avec une plus grande hauteur que dans les écoles spéciales. C'est ainsi encore, que sur la seule perspective du service obligatoire en France, vous venez de voir se fonder *l'école libre des sciences politiques* comprenant un cours comparé d'art militaire.

Aussi, Messieurs, bien loin que l'Allemagne manque d'excellents sous-officiers, elle en regorge; 12,000 jeunes gens, représentant la fleur de la jeunesse dans la science, l'industrie, le commerce et les arts manuels, accourent chaque année volontairement sous les drapeaux, de peur de tomber au sort et d'être retenus trois ans. Voici alors ce qui se passe :

Dans les régiments d'artillerie, dès le premier jour de l'arrivée des conscrits, les officiers trouvent quarante, cinquante jeunes gens capables de lever le plan d'une batterie, ou d'une fortification, cinquante, soixante ouvriers ajusteurs, fondeurs, mécaniciens, charrons, qui démontent une mitrailleuse ou un caisson pièce à pièce sans avoir besoin de recevoir la moindre indication. Au bout de huit jours, ces jeunes gens savent leur nomenclature sur le bout du doigt et l'enseignent aux autres.

Messieurs, 12,000 volontaires de cette espèce par année, c'est en sept ans, sept divisions, c'est-à-dire plus de deux corps d'armée de bacheliers ès lettres, ès sciences, ès arts; à quoi, ajoutant l'élite des ouvriers de toutes les industries, l'effort de toutes les écoles, de tous les colléges, de toutes les universités pour enseigner la guerre, on commence à comprendre la puissance de l'armée allemande, et du service obligatoire.

Cependant, nous ne connaissons encore qu'un des côtés de cette force admirable. Il nous reste à étudier son installation.

L'armée allemande, si elle était livrée à la vie nomade, ne présenterait qu'un vaste chaos.

Premièrement, les régiments composés de sept classes, dont trois seulement présentes, ne pourraient jamais être mis en marche avant d'avoir reçu leurs réserves rappelées de l'autre extrémité de l'empire. De là des retards et un désordre que vous pouvez facilement vous imaginer.

De plus, le régiment prussien n'étant en temps de paix autre chose qu'une école de recrues, les déplacements feraient perdre inutilement un temps précieux.

Mais les questions d'organisation matérielles ne sont rien à côté des ressorts moraux, et j'oserai supplier ceux de vous, Messieurs, qui occuperont un jour la tête de l'armée, de ne jamais oublier la vue que je soumets à vos méditations.

Notre armée n'a pas toujours été ce qu'elle est. Elle a eu une époque de réelle splendeur, et ce succès était dû uniquement à l'application d'une vue juste sur le gouvernement des hommes et des sociétés.

Dans notre régiment, ce petit monde particulier et nomade, l'officier, *toujours présent,* était lié au soldat par une sorte d'engagement permanent; il ne vivait manifestement que par ses soldats et pour ses soldats; de là, un ascendant véritable. Réciproquement, ce soldat tiré de nos familles de paysans sobres, robustes et soumises, arraché pour sept ans entiers à son village, ne trouvait véritablement d'autre appui que dans ses chefs. Pour cet homme exilé, c'était quelque chose que la considération et l'intérêt de son sergent-major, de son lieutenant ou de son capitaine; — parler au colonel, en recevoir une marque particulière de bienveillance, c'était un événement dont il se glorifiait toute sa vie.

Le régiment formait donc une solide corporation, ou, comme on l'a souvent répété, *une famille : la famille régimentaire.*

Il fallait la croix et la bannière pour faire passer un soldat, d'une compagnie dans un autre, d'un régiment dans un autre;

l'avancement des officiers avait lieu par régiment, et les ministres voyaient toujours une grosse affaire dans le changement de corps d'un officier.

Or, ces errements n'étaient point nés d'une inflexibilité brutale et irréfléchie ; ils reposaient sur ce principe éternellement vrai : « *Que le gouvernement des sociétés réside exclusivement dans des rapports directs et permanents d'homme à homme.* » Sachant bien que l'enfant n'obéit à son père qu'autant que celui-ci s'est efforcé, — dès la première lueur, — de dominer et de diriger une volonté naissante ; voyant qu'un serviteur n'est fidèle et soumis qu'autant que son maître s'est mis en mesure de se l'attacher et de le dominer, par les bons exemples quotidiens, par une bienveillance ferme et éclairée, les organisateurs de notre amée permanente avaient voulu que le soldat obéît non à un lieutenant, non à un capitaine ; mais à *son lieutenant*, — à *son capitaine.*

Entre ces deux choses, il y a, en effet, une si grande différence, que, même au temps où la discipline la plus sévère régnait dans l'armée, le soldat obéissait moins bien aux officiers d'un autre régiment ; par un sentiment analogue, un officier punissait peu volontiers le soldat d'une compagnie autre que la sienne. Il sentait qu'il valait mieux prévenir le chef direct de ce soldat, et le prier d'infliger personnellement la punition.

Je le répète, ce sont ces pratiques, ces coutumes, qui seules ont fait la solidité de notre armée permanente, et cela revient à dire qu'on ne conduit pas les hommes au moyen de lois écrites, mais bien par des hommes résolus à se rendre supérieurs aux autres et placés dans des circonstances telles qu'ils puissent faire preuve de cette supériorité, l'affirmer et l'imposer directement.

Or, la Prusse qui a dû au baron de Stein, de conserver et de développer son organisation provinciale, a été tout naturellement portée à conserver une armée stable.

La confédération de l'Allemagne du nord est divisée en

douze arrondissements de corps d'armée — répondant autant que possible à une province — et le territoire de chaque corps d'armée est divisé en districts de bataillon de landwehr, répondant autant que possible à un cercle.

On peut dire que deux cercles recrutent un régiment de l'armée active; il y a donc une caserne ou si vous voulez une école régimentaire pour deux cercles: Ces écoles n'étant pas nomades, il résulte de cette organisation que, depuis l'âge de raison, la plupart des jeunes gens savent le numéro du régiment dans lequel ils serviront. Beaucoup même connaissent d'avance leurs officiers, que la famille est venu trouver pour recommander son enfant. D'autres veulent servir dans une compagnie parce que leur père ou leur frère y a servi. Enfin, dans la province chacun connaît le nom, le caractère et les qualités du général commandant le corps d'armée, des généraux de division et de brigade.

A leur tour, les généraux commandant les corps d'armée, les divisions et les brigades ont la responsabilité non pas seulement de la direction de régiments passant par hasard dans leurs mains ; les régiments de leurs corps d'armée, de leur division et de leur brigade, sont bien à eux; c'est avec ces régiments et non avec d'autres qu'ils feront la guerre; — c'est avec le matériel qu'ils possèdent et non avec un autre matériel qu'ils se mettront en route.

Si donc, on réfléchit, que les hommes ne vivent pas quotidiennement de grands sentiments; que par exemple si l'on entend peu d'hommes, faisant le soir leur examen de conscience, s'écrier : « J'ai bien servi la patrie ! » on en rencontre beaucoup se féliciter d'avoir amélioré le service dont ils sont chargés, l'état des affaires qui les intéressent personnellement; on découvre tout l'avantage d'une organisation qui concilie les devoirs avec l'intérêt personnel, qui proportionne l'objet aux moyens mis en œuvre, et fournit à tous l'occasion de produire beaucoup, sans efforts surhumains, sans sacrifices au-dessus de la moyenne des dévouements. Mais les généraux allemands, les commandants et les officiers des régiments ne sont pas seulement portés à s'occuper des soldats sous les armes.

L'éducation donnée aux conscrits futurs, l'état des esprits et des mœurs dans la contrée, sont pour eux l'objet d'une sollicitude constante, car toutes ces choses les touchent directement ; enfin l'administration du corps d'armée est aussi leur chose propre, si bien que forcément leurs aptitudes s'élargissent en même temps que leur rôle et la considération dont ils jouissent.

Cette manière d'être vous expliquera la loi sur l'avancement, en vertu de laquelle tous les grades jusqu'à celui d'officier supérieur exclusivement sont donnés à l'ancienneté ; tandis que dans les grades élevés le choix seul décide.

Voilà, Messieurs, comment dans l'armée allemande, dont l'immense majorité des soldats vit dans ses foyers, on a résolu le problème d'entretenir des corps d'armée dans lesquels chacun connaît son chef ou son subordonné, aussi bien qu'après une longue campagne, et des régiments ayant tout le mérite de nos vieilles bandes, parce qu'aucun soldat n'y obéit à *un* lieutenant à *un* capitaine ; mais à *son* lieutenant à *son* capitaine, à *son* général, ou tout au moins au capitaine X***, ou au lieutenant Z*** dont la réputation est faite dans la contrée, dont la famille ou les parents et les amis sont connus et peuvent plus ou moins influer sur l'avenir du soldat suivant la manière dont il se comporte au régiment.

Il resterait bien des choses à dire sur l'armée prussienne ; mais, à mon sens, vous connaissez maintenant les seules et véritables causes de sa grandeur et de sa puissance :

Le service obligatoire, qui force la société à préparer des soldats, des sous-officiers et des officiers, instruits moralement et techniquement avant que l'État n'ait eu à s'en mêler.

La stabilité, c'est-à-dire la constitution régionale du corps d'armée, source d'économies considérables et d'émulation entre les différents chefs, produisant en outre la spécialisation et l'accumulation des efforts, la permanence de rapports directs entre les supérieurs et les subordonnés, enfin et surtout la mise sur pied presque instantanée de corps d'armée homogènes dans lesquels il n'y a rien à improviser, ni moralement, ni matériellement.

Je n'essaierai donc pas de retenir plus longtemps la bienveillante attention que vous m'avez prêtée et dont je ne saurais trop vous remercier.

Paris. — Imp. J. Dumaine, rue Christine, 2

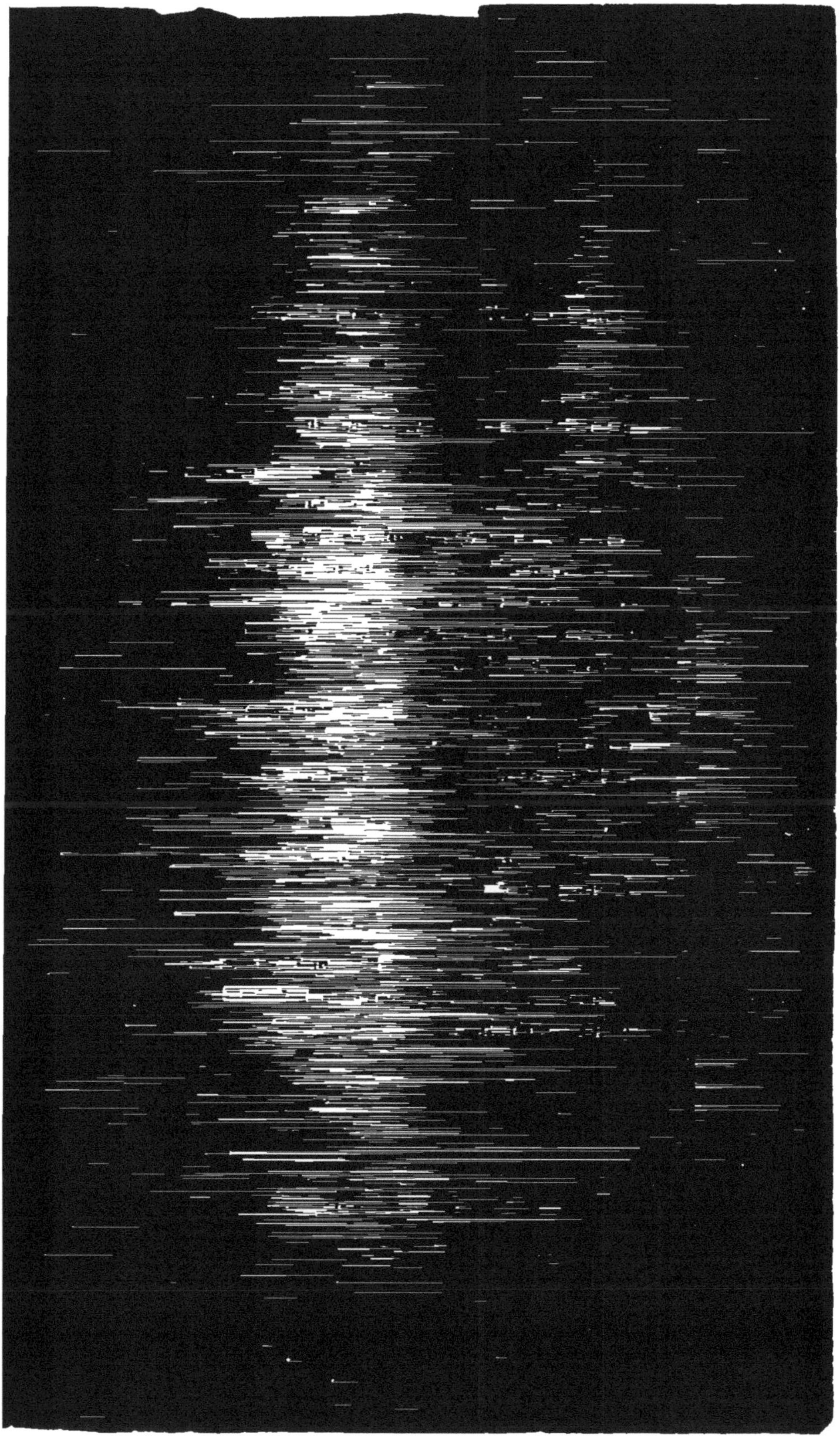

A LA MÊME LIBRAIRIE.

Étude sur le recrutement prussien ... Capitaine de l'état-major général. Broch.

Manuel d'hygiène et de premiers ... à l'usage des sous-officiers et des soldats ; traduit de l'... par le Docteur Burgkly. Broch. in-18.

Les armées allemandes. — Leur organisation, le... différents services ; par Von Ludinghausen, Capitaine ... Directeur d'une compagnie de Cadets ; traduit de l'all... par F. Timmerhans, Capitaine de l'infanterie belge. 2e éd... revue, corrigée et mise en rapport avec les change... survenus dans la campagne de 1870. Paris, 1871. 1 vol. ... raisin, avec 3 plans.

Armée prussienne. — Règlement sur le service ... campagne et sur les grandes manœuvres ; traduit au 2e bu... de l'état-major général du Ministère de la guerre. 1 vol. in-...

Instruction pour la lecture des cartes topographiques. Broch. in-18 avec grand nombre de figures dans le texte.

Lois militaires de la monarchie austro-hongroise, suivies du Règlement sur le service volon... d'un an ; traduit de l'allemand par V. Grillon, Capitaine ... génie. Broch. in-8.

PARIS. — IMPRIMERIE J. DUMAINE, RUE CHRISTINE, 2.

www.ingramcontent.com/pod-product-compliance
Ingram Content Group UK Ltd.
Pitfield, Milton Keynes, MK11 3LW, UK
UKHW032012260826
14628UKWH00005B/2436